THIS Book
BELONGS TO

____

AF479556

DEDICATED To
my kids BELLA
AND APOLLO

AIRPLANE

BOW

CAR

DOLL

E
EARTH

FRIEND

GOWN

HELICOPTER

ICECREAM

JUMP

KITE

LOLLIPOP

M
M
MERMAID

N
N
NINJA

ORCHID

PRESENT

QUEEN

RAILROAD

SIBLING

T
T
TOOL

UMBRELLA

VOLCANO

WAND

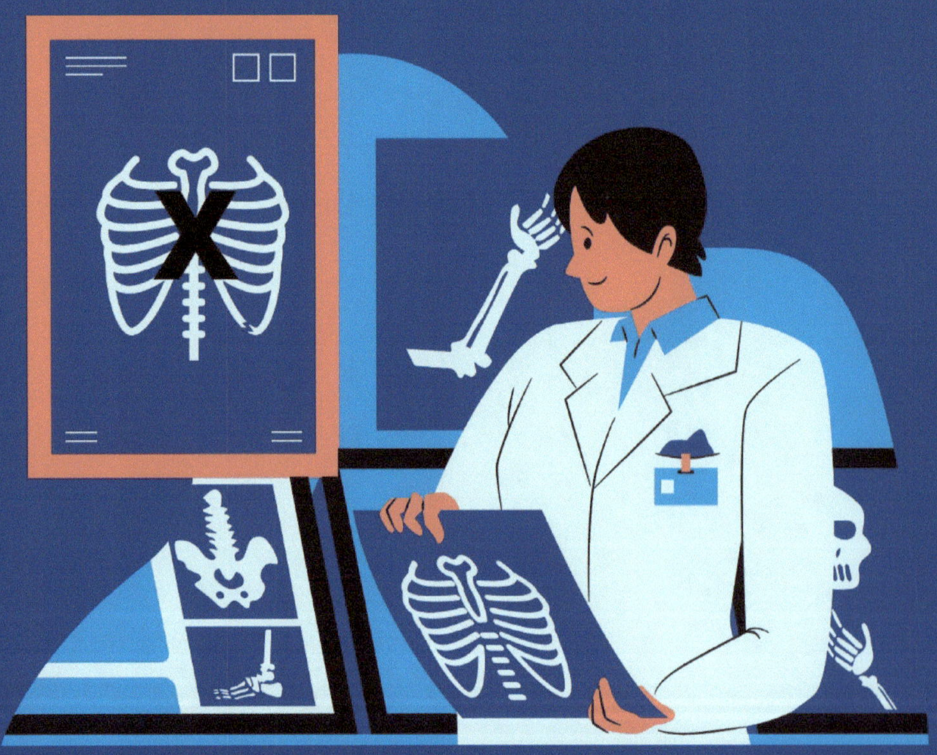

X-Ray

YOYO

ZEPPELIN

A B C D E
F G H I J
K L M N O
P Q R S T
U V W X Y
Z

www.ingramcontent.com/pod-product-compliance
Lightning Source LLC
Chambersburg PA
CBHW042015110726
48006CB00004B/1094